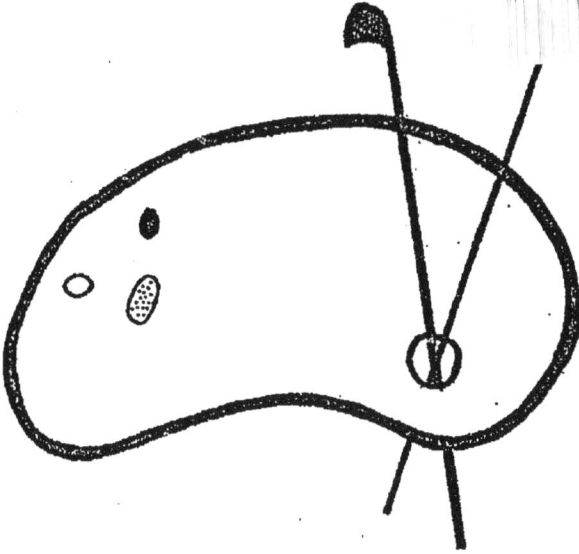

DEBUT D'UNE SERIE DE DOCUMENTS
EN COULEUR

ENCE ET RELIGION
tudes pour le temps présent

CONVENANCE SCIENTIFIQUE

DE

L'INCARNATION

PAR

Pierre COURBET

ANCIEN ÉLÈVE DE L'ÉCOLE POLYTECHNIQUE

PARIS

LIBRAIRIE BLOUD ET BARRAL

4, RUE MADAME, ET RUE DE RENNES, 59

1898

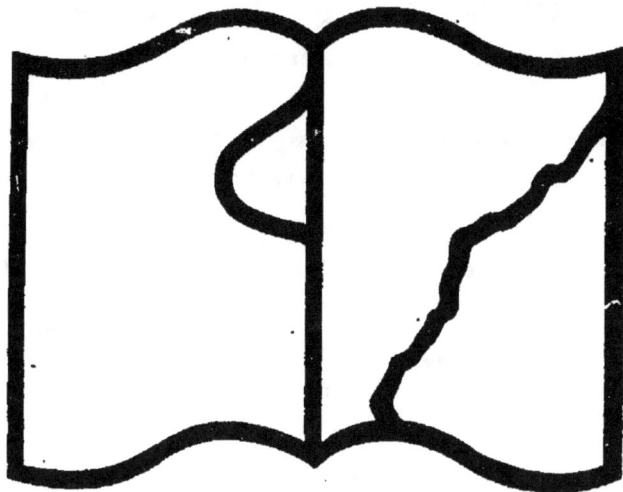

Texte détérioré — reliure défectueuse
NF Z 43-120-11

SCIENCE ET RELIGION

Études pour le temps présent

Collection de vol. in-12 de 64 pages *compactes*.

Prix : O fr. 60 le vol.

Les lecteurs curieux de grandes vérités de la foi déploraient l'abse. de vulgarisation de science religieuse. LES ÉTUDES POUR LE TEM PRÉSENT répondent donc à un désir et comblent une lacune. Ainsi ont jugé unanimement les Revues et les journaux les plus importan t la presse catholique. De ces nombreux et si flatteurs témoignages no y citerons que le suivant, extrait du journal *l'Univers*, dû à la plume juge des plus compétents, M. Louis Robert :

« Aujourd'hui, en notre siècle de vapeur, d'électricité, on veut sav « tout et lire peu, toute la vie est pleine et fiévreuse ! C'est ce quiexpliq « la vogue de la Revue et du Journal. Cependant ces deux organes de « pensée moderne sont insuffisants pour embrasser une question dans l « complexité de ses aspects. Le livre est toujours néces aire ; mais nou « pensons, à part les moines et le clergé des campagnes, que le respectabl « in-4° et le majestueux in-folio ont fait leur temps pour le grand public. « Il fallait donc condenser en un volume de poche les questions qui tour- « mentent l'âme contemporaine. C'est ce que certains éditeurs ont très « heureusement compris, notamment MM. Bloud et Barral, dont les edi- « tions ont déjà tant rendu de services signalés à la cause religieuse.

« Sous le titre de *Science et Religion*, collection de volumes in-12 de « 64 p. compactes, ils ont entrepris, avec un plein succès, de démontrer « par des plumes des plus autorisées « *l'accord entre les résultats de la* « *science moderne et les affirmations de la foi.* » Chaque sujet est trai- « té, non plus d'après la méthode apologétique, qui actuellement est sus- « pecte aux incrédules, même aux indifférents. C'est avec la plus rigoureuse « méthode scientifique — mais mise à la portée de tous les esprits quelque « peu cultivés — que sont exposées les *Nouvelles Études philosophiques,* « *scientifiques et religieuses* de cette opportune et très intéressante col- « lection.

« Le nom de l'auteur de chacune d'elles est une recommandation. »

(Journal *l'Univers*.)

Voici une seconde liste des ouvrages parus ou à paraître incessamment :

— **L'Apologétique historique au XIXᵉ siècle. — La Critique irré- ligieuse de Renan.** (*Les précurseurs — La vie de Jésus — Les adver- saires — Les résultats*) par l'abbé Ch. Denis, directeur des *Annales de philosophie chrétienne.*   1 vol.

— **Nature et Histoire de la liberté de conscience,** par M. l'abbé Canet, docteur en philosophie et ès-lettres de l'Université de Louvain, ancien professeur de théologie dogmatique au grand séminaire de Lyon.
                                                                1 vol.

— **L'Animal raisonnable et l'Animal tout court,** *étude de psychologie comparée,* par C. de KIRWAN. 1 vol.

— **La Conception catholique de l'Enfer,** par M. BRÉMOND, docteur en théologie, professeur de dogme au grand séminaire de Digne. 1 vol.

— **L'Église russe,** par J.-L. GONDAL, professeur d'apologétique et d'histoire au grand séminaire Saint-Sulpice. 1 vol.

— **La Fausse Science contemporaine et les Mystères d'Outre-tombe,** par le R. P. Th. ORTOLAN, O. M. I. 1 vol.

— *Du même auteur :* **Vie et Matière** ou **Matérialisme et Spiritualisme en présence de la Cristallogénie.** 1 vol.

— *Du même auteur :* **Matérialistes et Musiciens.** 1 vol.

— **Le Mal,** sa nature, son origine, sa réparation. *Aperçu philosophique et religieux,* par l'abbé M. CONSTANT, docteur en théologie, lauréat de l'Institut catholique de Paris. 1 vol.

— **Dieu auteur de la vie,** par M. l'abbé THOMAS, vicaire général de Verdun. 1 vol.

— *Du même auteur :* **La Fin du monde d'après la foi et la science.** 1 vol.

— **L'Attitude du catholique devant la Science,** par G. FONSEGRIVE, directeur de la *Quinzaine.* 1 vol.

— *Du même auteur :* **Le Catholicisme et la Religion de l'Esprit.** 1 vol.

— **Du Doute à la Foi,** le besoin, les raisons, les moyens, les devoirs, la possibilité de croire, par le R. P. TOURNEBIZE. S. J. 1 vol.

— **La Synagogue moderne,** sa doctrine et son culte, par A. F. SAUBIN. 1 vol.

— **Évolution et Immutabilité de la doctrine religieuse dans l'Église,** par M. PRUNIER, supérieur du gr. séminaire de Séez. 1 vol.

— **La Religion spirite,** son dogme, sa morale et ses pratiques, par I. BERTRAND. 1 vol.

— **L'Hypnotisme franc et l'Hypnotisme vrai,** par le docteur HÉLOT, auteur de *Névroses* et *Possessions diaboliques.* 1 vol.

— **Convenance scientifique de l'Incarnation,** par Pierre COURBET, ancien élève de l'École polytechnique. 1 vol.

— **L'Église et le Travail manuel,** par M. l'abbé SABATIER, du clergé de Paris, docteur en droit canon. 1 vol.

— **L'Inquisition,** son rôle religieux, politique et social, par G. ROMAIN, auteur de : *L'Église et la Liberté.* 1 vol.

— **Unité de l'espèce humaine** *prouvée par la Similarité des conceptions et des créations de l'homme,* par le marquis de NADAILLAC. 1 vol.

— **Le Socialisme contemporain et la Propriété.** — *Aperçu historique,* par M. Gabriel ARDANT auteur de la *Question agraire.* 1 vol.

— **Pourquoi le Roman immoral est-il à la mode et pourquoi le Roman moral n'est-il pas à la mode ?** *Étude sociale et littéraire,* par G. d'AZAMBUJA. 1 vol.

Cîteaux. — Imp. Guillermain.

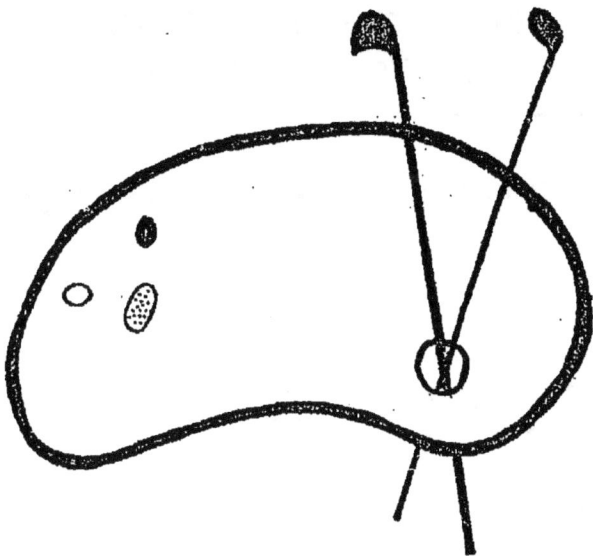

FIN D'UNE SERIE DE DOCUMENTS
EN COULEUR

SCIENCE ET RELIGION

Études pour le temps présent

CONVENANCE SCIENTIFIQUE

DE

L'INCARNATION

PAR

Pierre COURBET

ANCIEN ÉLÈVE DE L'ÉCOLE POLYTECHNIQUE

Permis d'imprimer

Dijon, le 17 Septembre 1898.

Marigny, *v. g.*

AVANT-PROPOS.

Le R. P. Monsabré a dit un jour, que suivant saint Thomas d'Aquin, plus on approfondirait le mystère de l'Incarnation, plus on y découvrirait de convenances inaperçues.

Ce sont ces convenances que nous voulons exposer ici, en nous plaçant principalement à un point de vue qui n'a pas été souvent considéré jusqu'à présent, celui de la science pure et des lois de la nature visible.

Nous ferons bien attention, du reste, en développant ces convenances, à ne pas tomber dans la faute signalée par l'éminent dominicain que nous venons de citer, c'est-à-dire à ne pas transformer ces convenances « en autant de nécessités qui enchaî- « nent la liberté de Dieu. L'union de la nature « divine avec la nature humaine est par excellence « l'acte libre et gratuit de l'infinie bonté (1). »

Si donc il nous arrive, à propos de l'Incarnation ou de la Rédemption, de parler de nécessité scientifique ou logique, il est bien entendu que l'on ne devra prendre ces expressions que dans un sens restreint, la nécessité s'appliquant à nous ou à notre raison, mais nullement à Dieu.

(1) *Carême de 1877.*

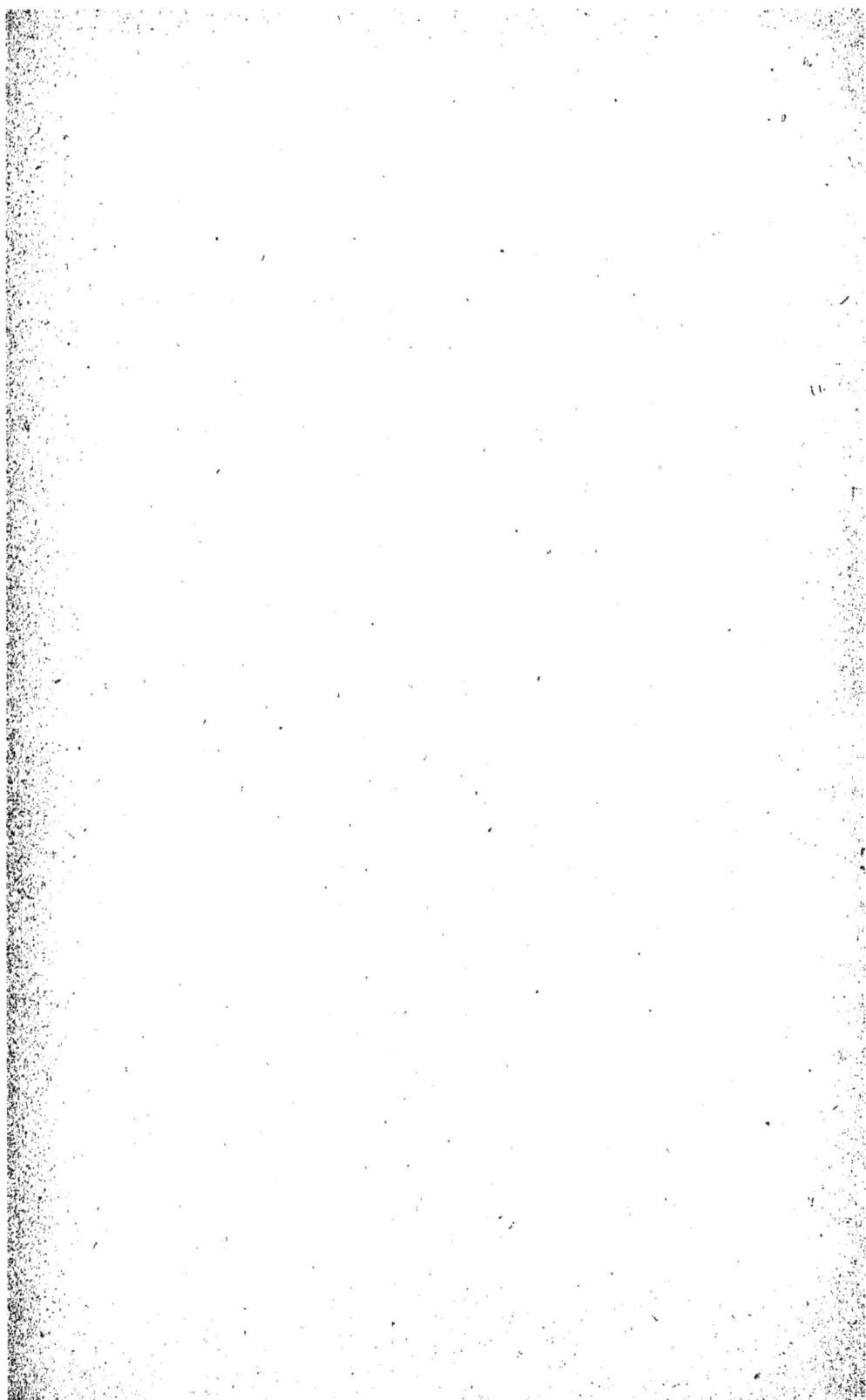

RAPPORTS DE LA DIVINITÉ AVEC L'HUMANITÉ.

———

I.

De la notion primordiale de Dieu.

Dans une étude précédente (1) nous avons démontré que Dieu existe, qu'il est la force primordiale de laquelle sont issues toutes les forces de l'univers physique et que son existence est *nécessaire* au même titre que les principes les plus incontestés de la science moderne, pour expliquer l'univers et ses lois.

Nous allons examiner maintenant quelles sont les relations de cet Être nécessaire avec l'homme.

Nous savons d'abord que Dieu est d'une nature essentiellement différente de la matière, puisque c'est une cause *extérieure* à la matière, *indépendante* de la matière qui seule a pu lui donner les mouvements d'ensemble d'où sont sortis les mondes actuels. C'est ce que nous exprimons d'un seul mot en disant que Dieu est un pur esprit.

Nous, de notre côté, nous ne pouvons connaître expérimentalement que ce qui tombe sous nos sens, autrement dit, que ce qui est matériel.

Pour que nous puissions nous élever à la notion de Dieu, il faut donc de toute nécessité qu'il y ait en nous quelque chose d'immatériel, quelque chose qui soit d'une nature semblable à la sienne, qui

---

(1) *Nécessité scientifique de l'existence de Dieu*, par PIERRE COURBET. Bloud et Barral, éditeurs, Paris.

nous permette de le comprendre et de nous élever jusqu'à lui par la notion qu'il nous donne de lui.

Or, cette notion, nous l'avons manifestement en nous, et nous l'avons si pleine, si entière, si saisissante, qu'elle suffit à la plupart des hommes pour croire en Dieu avec une certitude que rien ne peut ébranler. C'est cette notion qui, seule du reste, nous permet de comprendre les raisonnements scientifiques par lesquels nous arrivons ensuite à démontrer l'existence de Dieu. Car pour démontrer une vérité il faut avoir la notion de cette vérité ; on ne peut démontrer les théorèmes relatifs au cercle sans avoir la notion géométrique du cercle ; on ne peut étudier les lois de la pesanteur, sans avoir la notion de la pesanteur.

Il y a donc en nous quelque chose qui nous permet de concevoir la notion de Dieu.

Ce quelque chose, c'est ce que nous appelons notre esprit ou notre âme.

Il est indubitable que l'âme est immatérielle, car puisqu'elle peut concevoir la notion de Dieu et que la nature de Dieu est essentiellement différente de la matière, il faut que la nature de l'âme le soit aussi. Du reste, il est certain que nous pensons, que nous raisonnons. Or, nous savons par une expérience constante et irréfutable que la matière ne pense pas, ne raisonne pas ; c'est, en effet, comme nous l'avons déjà dit, le principe de toutes les sciences physiques et naturelles, que la matière est essentiellement passive, inintelligente.

Le *quelque chose* qui est en nous et qui pense est donc essentiellement différent de la matière.

L'âme est donc immatérielle.

Du reste, Dieu étant un pur esprit, il serait absurde de prétendre que son activité créatrice, qui

se manifeste sous nos yeux par tant d'êtres de formes
et de natures différentes, se soit bornée à la seule
matière. Il serait absurde de croire qu'il n'ait pas
créé des êtres d'une nature semblable à la sienne,
immatériels comme lui, en tout ou en partie. L'existence de substances spirituelles, d'essence différente
mais analogues à Dieu, créées par Dieu, s'impose
donc à nous comme corollaire immédiat de l'existence de Dieu.

Et de fait, tout homme qui croit à Dieu croit par
cela même à l'âme humaine, à sa liberté, à sa personnalité, à son immatérialité, et les matérialistes
les plus endurcis, quand ils sont de bonne foi, sont
obligés d'avouer avec un des leurs que « la pensée
« n'est pas explicable à l'aide de ses conditions ma-
« térielles (1). »

II.

Des différentes manières dont Dieu peut se manifester à nous.

La courte étude que nous venons de faire sur l'âme
humaine était nécessaire, comme on le verra plus
loin, pour mieux faire comprendre quelques-unes
des analogies qui suivront.

Voyons maintenant de quelle manière Dieu peut
encore se manifester à nous.

Il nous donne d'abord, comme nous l'avons vu,
une notion directe de lui-même qui s'adresse spé-
cialement à notre esprit.

(1) Du Bois-Reymond.

Mais nous ne sommes pas seulement *esprit ;* nous sommes aussi *corps ;* et notre corps, nous avons à peine besoin de le dire, peut être influencé tout comme notre esprit par des êtres extérieurs à nous. Il est vrai que Dieu, étant un pur esprit, ne peut *tomber sous nos sens ;* il ne peut être vu ni touché par nous. Mais il peut produire des actes qui tombent sous nos sens; il est évident, en effet, qu'il n'a pas besoin d'un corps matériel pour produire sur nous des sensations qui nous soient perceptibles. Nous devons même remarquer que lorsqu'un corps agit sur nous et produit dans notre organisme les sensations de la vue et de l'ouïe, par exemple, ce corps n'entre pas directement en communication avec nous; il ne se manifeste à nous que par l'intermédiaire des agents naturels, de l'éther pour la vue, de l'air pour l'ouïe, et ce sont ces agents qui déterminent dans notre organisme les modifications d'où dérivent en nous les sensations précitées.

Or, il est certain que Dieu peut produire lui-même l'effet de ces agents naturels, qu'il peut impressionner directement les parties de notre organisme chargées de nous transmettre les sensations voulues, de manière à nous faire voir ou entendre ce qu'il lui plaît de nous communiquer.

Il serait absurde de prétendre que Dieu ne peut pas accomplir ces différents actes; ils n'ont rien de plus extraordinaire que ceux par lesquels il a créé et organisé la matière. Ce qu'il a fait une fois, il peut certainement le refaire autant de fois qu'il le voudra, quand il le juge nécessaire.

Mais si Dieu n'a pas besoin d'un corps pour se manifester à nous, comme le prouvent tant de faits miraculeux contenus dans l'histoire de ses relations avec le peuple juif — faits dont nous n'avons à démon-

trer ici ni la possibilité scientifique ni l'authenticité,
— il est clair par contre que rien ne l'empêche de
se *revêtir* pour ainsi dire d'une forme identique à
la nôtre pour produire des actes identiques aux
nôtres.

Il paraît même évident *a priori* que de toutes les
manifestations possibles de la Divinité, cette dernière
est la plus parfaite, la plus complète, car elle permet à Dieu, qui est par nature inconnaissable à nos
sens, de vivre de notre vie, de devenir l'un des
nôtres et de communiquer directement avec nous.

Cette manifestation a un nom dans l'histoire.
Elle s'appelle la Vie de Jésus.

III.

Jésus-Christ.

Jésus est donc, d'après la définition qui précède, le centre vers lequel convergent toutes les
relations de la Divinité et de l'humanité. Il est
l'intervention type, autour de laquelle pivote toute
l'histoire du monde dans ses rapports avec Dieu.

« C'est par lui que tout a été fait dans les cieux
« et sur la terre, les choses visibles comme les in-
« visibles, et lui-même est avant tous, et toutes
« choses subsistent par lui (1). »

La vie de Jésus, disons-nous, est la manifestation
la plus saisissante de la Divinité. Elle est aussi la
manifestation qui convient le mieux d'une part à
notre faiblesse, d'autre part aux perfections de
Dieu.

(1) S. Paul. *Coloss.* I, 16-17.

Les œuvres visibles de Dieu sont faites en effet pour nous élever à la certitude de son existence et à la connaissance de ses perfections invisibles.

« *Invisibilia Dei per ea quæ facta sunt intellecta* « *conspiciuntur.* Les œuvres invisibles de Dieu de- « viennent saisissables à notre intelligence par ses « œuvres visibles, a dit l'Apôtre (1). »

Or, dans l'Incarnation éclatent plus que dans aucune de ses œuvres, sa bonté, sa sagesse, sa justice et sa puissance.

Sa bonté, sa sagesse, sa justice, nous le démontrerons dans le chapitre de l'Incarnation rédemptrice. Sa puissance, car l'infini seul peut combler l'abîme qui sépare l'homme de la Divinité, de telle sorte que nous pouvons dire, avec saint Thomas d'Aquin, que comme l'on ne peut rien concevoir de plus grand que l'acte par lequel Dieu se fait homme, il était *convenable* que Dieu s'incarnât (2).

(1) Rom. I. 20.
(2) Thom. Aquin. III, quæst. I. art. 1.

L'INCARNATION DANS SON ESSENCE.

I.

Analogie avec l'union de l'âme et du corps.

De même que l'âme et le corps ne sont qu'un seul homme, ainsi Dieu et l'homme ne sont qu'un seul Christ.
Symb. Athanas.

Mais d'abord l'existence d'un être à la fois Dieu et homme est-elle rationnellement et scientifiquement possible?

Nous allons voir que cette conception n'a rien d'opposé à la science ou à la raison, et qu'elle est au contraire en parfait accord avec tout ce que nous connaissons des lois de la nature, tant de la nature physique que de la nature animée, de la nature humaine que de la nature divine.

D'abord il paraît évident, comme nous l'avons déjà dit, que rien ne peut empêcher le Créateur de toutes choses de s'unir d'une manière quelconque à l'une des formes qu'il a créées, de prendre par exemple une forme matérielle sans cesser d'exister indépendamment de cette forme.

Nous trouvons en nous-mêmes une preuve, pour ainsi dire expérimentale, de la possibilité d'une telle union.

Nous avons démontré en effet que l'être humain est formé de deux principes d'une nature absolument différente, l'un immatériel que nous appelons notre âme et l'autre matériel que nous appelons notre corps.

Le premier, intimement lié au second, préside à son développement, assure le fonctionnement régulier et harmonique des innombrables organes qui le constituent, dirige les forces qui évoluent en lui et subsiste cependant identique à lui-même à travers toutes les transformations moléculaires que subit le corps, jusques et y compris la mort.

Quelle plus grande difficulté y a-t-il à admettre que Dieu, esprit pur comme notre âme, s'unit comme elle à une nature essentiellement différente, de manière que de cette union in.ime résulte une seule personne, comme de l'union de *mon* esprit et de *mon* corps résulte une seule personne qui est *moi ?*

Sans doute nous ne connaissons pas et nous ne concevons guère le *mécanisme* de la chose, le *comment* de cette union.

Mais remarquons que nous ne le connaissons pas davantage dans le cas de l'union de l'âme et du corps dans la personnalité humaine.

D'une manière générale l'ignorance de la manière dont se produit un fait doit-elle entraîner la négation de ce fait ?

Nous serions obligés alors de nier la plupart des faits scientifiques les plus incontestables; car le plus souvent nous sommes incapables d'analyser le *mécanisme* de ces faits, le *comment* de leur production.

Nos adversaires libres penseurs, surtout, devraient être les derniers à se servir contre nous d'un pareil argument; car c'est précisément le premier principe de la science positiviste que de laisser volontairement en dehors des recherches l'explication intime des faits pour se borner à en constater l'existence.

En ce qui concerne l'Incarnation, cette constatation a déjà fait l'objet d'une étude spéciale dans laquelle nous nous sommes attaché à démontrer la réalité historique et pour ainsi dire visible de ce fait (1). Ici nous voulons simplement en montrer la possibilité théorique, la convenance scientifique.

Nous voyons déjà que l'Incarnation est conforme à l'une des lois les plus importantes de la nature animée, celle de l'union de l'âme et du corps dans la personnalité humaine.

Cette union, elle aussi, aurait pu être niée *a priori*. En considérant les différences capitales qui séparent ces deux natures, la nature spirituelle et la nature matérielle, les idéalistes à outrance et, d'une façon plus générale, tous ceux qui ne veulent admettre que ce qu'ils croient comprendre, pourraient déclarer qu'une telle union est impossible parce qu'ils ne voient pas comment elle peut être réalisée, qu'il est absurde de supposer que deux natures aussi opposées par toutes leurs qualités peuvent agir l'une sur l'autre d'une façon assez intime pour ne faire qu'un seul être et se fondre dans un ensemble tellement harmonique qu'il est difficile de voir où commence et où finit le rôle spécial de chacune des natures composantes.

Et pourtant il en est ainsi. L'expérience psychologique est là pour l'attester : l'union de l'âme et du corps tout extraordinaire qu'elle paraisse dans son ensemble, tout obscure qu'elle soit dans ses détails, est un fait que la raison est forcée d'accepter. « Quel est donc, dit excellemment le Dr Hettinger(2), le lien qui

(1) *Jésus-Christ est Dieu*, par PIERRE COURBET. Bloud et Barral, éditeurs, Paris.

(2) *Apologie du christianisme* par FRANZ HETTINGER. Bloud et Barral, éditeurs, Paris.

a réuni des choses éternellement différentes par
leur nature comme le sont la matière dénuée d'intelligence et de liberté et les intelligences pures et
franches de toute alliance avec la grossière nature
du corps et de tout assujétissement aux lois de la
nature physique ? Quel est le pont jeté sur l'abîme
qui sépare deux mondes si opposés ? Si leur vivante
union n'était un fait constant réalisé dans l'homme
même, la croirions-nous possible ? En aurions-nous
seulement l'idée ? Pour nier *a priori* la possibilité
d'une telle union, n'aurions-nous pas une infinité de
raisons tirées par exemple de la nature de l'esprit,
de sa manière d'être, de son activité, toutes choses
qui sont en opposition directe avec les lois qui régissent la matière de l'existence des corps ? L'existence réelle de l'homme, être tout à la fois spirituel
et temporel, répond à cette question. »

Elle répond en même temps au doute qui pourrait
surgir sur la possibilité théorique de l'union de la Divinité avec l'humanité dans la personne du Christ.

Dès l'aurore du christianisme, ses apôtres et ses
docteurs ont nettement aperçu et signalé la simili-
tude de ces deux sortes d'union. A plusieurs reprises,
saint Paul montre que le premier homme était la
figure du Christ ; il le dit même en propres termes
dans son épître aux Romains (1). Après lui, Tertul-
lien déclare, qu'en créant l'homme, Dieu avait donné
une image de son Christ futur et comme un gage de
sa venue. En présence des attaques des Ariens, la
pensée chrétienne se dégage enfin dans une formule
d'une clarté parfaite qui peut servir à résumer tout
ce chapitre :

(1) V. 14.

« De même que l'âme et le corps ne sont qu'un
« seul être, dit saint Athanase dans un symbole célè-
« bre que l'Eglise catholique a adopté comme sien,
« ainsi Dieu et l'homme ne sont qu'un seul Christ. »

« Qu'est-ce que Jésus-Christ ? » dit à ce sujet le
docteur Hettinger (1).

« C'est le Verbe, la Sagesse du Père, la souveraine
Raison qui a pris notre chair. Qu'est-ce que l'homme ?
Une intelligence finie, créée, incarnée, unie à un
corps, exerçant ses facultés et manifestant ses attri-
buts dans le corps et par le moyen du corps.

« Qu'est-ce donc que la naissance d'un homme,
sinon la manifestation d'une nouvelle incarnation de
l'esprit ? Et cet esprit qui crée les autres, qui les
revêt pour ainsi dire de chair, ne pourrait pas se
revêtir lui aussi de chair pour se rendre semblable
à l'homme ?

« Quelle raison aurions-nous de demeurer incrédules à l'égard d'un mystère dont nous portons
l'image en nous-mêmes ?

« Dans le Verbe incarné, l'homme devient Dieu
par l'unité de personne, de la même manière qu'une
matière inerte devient par le souffle de Dieu un
homme vivant.

« Dans la nature humaine, l'esprit et la matière
sont unis d'une façon si étroite, ils se compénètrent
d'une façon si intime dans toutes les manifestations
de la vie que toutes les opérations de l'homme sont
spirituelles et corporelles à la fois, que les deux substances ne forment plus qu'une seule nature, la
nature humaine.

« De même en Jésus-Christ, la nature divine s'est

(1) *Apologie du christianisme*, par Franz Hettinger.
T. III, p. 516 et suiv.

unie à la nature humaine d'une manière si intime,
si vraie, si réelle, que ces deux natures en soi si différentes s'embrassent parfaitement dans la personne
de l'Homme-Dieu qui porte à la fois la Divinité et
l'humanité, au point que tous ses actes, toutes les
œuvres dans lesquelles se manifeste sa vie sont des
opérations *théandriques*. Et comme dans l'homme,
grâce à l'étroite union de l'esprit et du corps, les
membres du corps sont en quelque sorte les membres
de l'âme, ainsi à la faveur de l'union hypostatique
des deux natures divine et humaine en Jésus-Christ,
l'âme et le corps sont devenus en un certain sens
l'âme et le corps de Dieu (1). »

   « Bien que l'esprit et le corps soient tellement unis
dans l'homme qu'ils ne forment qu'un seul être,
cependant l'esprit reste vraiment esprit, et il ne perd
point sa nature par son incorporation à la matière ;
et de même le corps demeure véritablement corps.
Ainsi en est-il en Jésus-Christ. Bien que la Divinité
et l'humanité s'unissent en lui assez étroitement pour
ne former qu'un seul et même tout subsistant dans
la personne de l'Homme-Dieu, néanmoins les deux
natures, divine et humaine, demeurent éternellement séparées et non confondues, de telle sorte que
la Divinité ne se change pas en humanité et que
l'humanité ne disparaît point absorbée par la Divinité. »

----

(1) Thom. Aquin. III. quæst. II. 1.

II.

Autre analogie tirée de la nature humaine.
La parole et l'écriture.

Il serait possible de pousser plus loin ces analogies ; le cadre de ces études nous oblige à abréger. Mais nous ne voulons pas quitter ce sujet sans montrer une analogie peut-être encore plus frappante entre le mystère de l'Incarnation et la manifestation d'une des facultés primordiales de la nature humaine : *la parole*.

La parole est l'expression de la pensée humaine. La pensée est immatérielle par essence ; elle ne peut par suite se rendre saisissable d'elle-même aux organismes qui revêtent les autres personnalités humaines ; mais elle peut *s'incarner*, se matérialiser d'une certaine manière dans la parole et se rendre ainsi, en quelque sorte, assimilable aux autres intelligences.

En même temps que ma pensée se revêt ainsi d'une forme extérieure perceptible aux sens et se transmet aux êtres qui m'environnent, elle ne cesse pas cependant d'être *ma* pensée et de faire partie intégrante de l'intelligence qui l'a conçue ; elle se communique aux autres sans cesser d'être elle-même, sans cesser d'être *moi-même*.

Ainsi en est-il de Dieu. Sa pensée ou son *Verbe* est en lui, est *lui* (1). Mais est-il convenable que cette

___

(1) Dans le principe était le Verbe, et le Verbe était *en Dieu,* et le Verbe était *Dieu* (S. Jean).

pensée, que ce Verbe restent éternellement en lui sans se manifester aux êtres qu'il a créés ? Si c'est un besoin pour l'esprit humain de se révéler aux autres, si c'est une nécessité pour l'homme de communiquer aux êtres qui l'entourent ses idées qui sont la vie de son intelligence ou son amour qui est la vie de son cœur ; si pour cela il *incorpore*, comme nous l'avons vu, sa pensée dans une parole sensible, pourquoi le Verbe qui est la sagesse et l'amour du Père, en même temps que la vie du monde, resteraient-ils seuls confinés dans un éternel égoïsme (1) ?

Mais la sagesse et la pensée divine étant infiniment plus belles et plus puissantes que la sagesse et la pensée humaine, il est convenable qu'elles revêtent une forme sensible, plus parfaite, moins fugitive que la parole humaine, une forme, capable de se communiquer d'une manière plus intime aux autres créatures, et cette forme n'est autre que la personnalité même de l'homme devenue ainsi l'organe de la pensée divine.

Et de même que la pensée humaine tout en se manifestant par la parole aux autres hommes reste *elle-même* et continue à faire partie intégrante de l'esprit duquel elle émane, ainsi le Verbe de Dieu, tout incarné qu'il est dans la personne du Christ, continue à faire partie intégrante de la Divinité qui l'a conçu et à être intimement uni au Père dont il est l'émanation et l'expression visible parmi nous.

Cette saisissante analogie a été admirablement perçue et exprimée par saint Augustin.

« La parole de l'homme, dit-il, tout éloignée qu'elle soit de l'essence divine a aussi son incarnation.

« Tant que mon verbe ou ma pensée est dans mon

_____

(1) Hettinger. III, 523.

esprit, ce verbe est une chose tout intellectuelle, toute spirituelle, et bien différente du mot ou du son de la voix. Lorsque cette pensée cherche une manifestation en dehors de mon esprit, que fait-elle? Elle cherche un véhicule dans le son de la voix ; portée sur ce véhicule, ma pensée traverse l'air et arrive jusqu'à vous. Donc mon verbe voulant se faire connaître à vous parle dans la voix, s'unit à la voix, s'incarne en quelque sorte dans la voix, se fait voix. Ainsi le Verbe de Dieu, voulant se faire connaître à l'homme, s'est uni à la chair, s'est incarné, s'est fait chair.

« En vous communiquant ma pensée par des mots, je ne m'en dessaisis pas. En passant dans votre esprit, elle ne se sépare pas du mien. Avant mon discours j'avais ma pensée et vous ne l'aviez pas ; j'ai parlé, vous l'avez eue et moi je n'ai rien perdu. Ainsi donc le verbe que je viens d'articuler est devenu sensible à vos oreilles et ne s'est point séparé de mon esprit. Ainsi le Verbe de Dieu s'est fait sensible à nos yeux et n'a pas quitté son Père (1). »

Tout ce que nous venons de dire de la parole peut se dire également de l'écriture qui est une manifestation encore plus tangible de la pensée humaine, la parole est pour ainsi dire la *matérialisation* de la pensée dans les ondes sonores, dans un fluide, tandis que l'écriture est la matérialisation de cette même pensée sur le papier ou le parchemin. Toutes les deux peuvent être assimilées à l'Incarnation de la pensée divine dans un corps humain et ce que nous avons dit de l'une peut identiquement s'appliquer à l'autre.

(1) S. Auoust. serm. cxix iu Joan. et Tract. xxxviii in Joan.

III.

L'Incarnation et la loi de la pénétration des natures.

A ceux qui s'étonnent que l'Esprit par excellence
puisse ainsi venir habiter dans une chair humaine,
nous pouvons répondre encore qu'un fait analogue
se produit constamment en nous. La vie de l'homme
n'est autre chose en somme qu'une incarnation per-
pétuelle de l'esprit dans la matière. La terre que
nous foulons aux pieds s'assimile à nous après quelques transformations peu nombreuses et devient,
par une opération dont nous ne connaissons pas le
fond, la chair qui forme notre corps et que notre esprit pénètre, anime et vivifie. Le pain que nous
mangeons est en effet tiré des éléments minéraux
qui entrent dans la composition du sol, comme l'herbe,
comme les fruits dont se nourrissent les animaux qui
servent ensuite à notre nourriture. Tout cela devient
nous ; tout cela reprend vie en nous par la puissance
de l'esprit qui nous anime, de telle sorte que l'on
peut dire que cet esprit s'incarne réellement dans
la matière brute qui nous entoure.

Cette loi n'est pas spéciale à l'homme. Elle s'étend
à tout l'univers, à l'univers physique comme à l'u-
nivers animé.

Partout nous voyons les natures se pénétrer, se
fondre ainsi les unes dans les autres au fur et à
mesure que l'on s'élève dans l'échelle des êtres.

La matière brute, inerte et passive, forme pour
ainsi dire le *substratum* de tout ce qui existe aussi
bien dans l'univers physique que dans l'univers animé. Elle est disséminée avec une profusion inouïe

à travers l'espace ; elle subit, sans les connaître, les mouvements que lui a donnés le Créateur à l'origine des choses, et les lois qu'il a instituées pour la conservation et les transformations de ces mouvements.

Au-dessus de cette nature purement inerte, nous voyons des êtres qu'anime un principe nouveau inconnu à la matière, la vie. Ce sont d'abord les végétaux, qui tirent leurs éléments constitutifs de la matière qui les entoure, mais qui naissent, se développent et se reproduisent d'après des lois tout à fait distinctes de celles qui régissent cette matière. Au-dessus d'eux nous voyons les animaux, qui, outre les principes essentiels aux plantes, possèdent des propriétés spéciales, entre autres la sensibilité et la locomotion, et qui sont formés non seulement par la matière minérale qui entre dans les végétaux, mais par les éléments constitutifs des végétaux eux-mêmes. Enfin, à la nature animale nous voyons uni, dans la nature humaine, un principe nouveau qui modifie profondément les qualités et les propriétés des êtres précédents, l'âme raisonnable qui permet à l'homme de s'élever jusqu'à la connaissance de Dieu.

C'est donc en l'homme que se trouvent, pour ainsi dire, concentrés tous les éléments constitutifs de la création visible, la matière inerte, la matière organique animée par le principe vital, ainsi que l'élément spirituel dans ce qu'il y a de plus élevé, l'âme.

« Tout l'univers, dit aussi le P. Monsabré, c'est la nature humaine, fille par son âme du monde des esprits, réduction typique du monde de la matière par son corps où se donnent rendez-vous tous les

éléments, toutes les compositions, tous les mouve-
vements, toutes les vies (1). »

Dans la nature humaine viennent donc se fondre
toutes les natures créées, toutes celles du moins que
nous connaissons.

Or, en dehors d'elles il n'y a plus que la nature
incréée, Dieu. N'est-il pas légitime de penser que
Dieu a voulu continuer cette progression des êtres,
et unir sa nature divine à notre nature humaine,
comme l'esprit qui nous anime est uni à la matière qui
forme les éléments de notre corps, de tous les corps ?

En agissant ainsi, Dieu n'aurait fait que POUSSER
A L'INFINI, comme il convient à sa nature, la loi générale qui régit tous les êtres. Il n'aurait fait que
concentrer dans un seul être les principes constitutifs
de tous les êtres, de manière à unir dans un ensemble merveilleux la nature créée et la nature incréée,
Dieu, l'esprit, la matière.

Une telle conception est certainement digne de
Dieu, digne de l'Etre en qui se résument toutes les
lois de la nature, et que l'on peut considérer comme
l'amour et la puissance infinis.

« Dieu, dit encore le P. Monsabré, peut pour lui-
même et d'une manière transcendante tout ce que
peuvent les créatures auxquelles il a donné l'être et
la vie... Les matières se pénètrent, l'esprit pénètre
les corps, et lui, l'esprit très pur et tout-puissant, ne
pénétrerait pas les esprits? Non, nous n'avons pas le
droit de mettre Dieu hors des lois qu'il a établies et
puisqu'il est une loi qui tend à fondre par la pénétration les natures inférieures, et réciproquement,
je ne vois pas pourquoi Dieu ne s'appliquerait pas à
lui-même cette loi qui du reste ne peut avoir d'exis-

(1) *Carême de 1877*, p. 14.

tence que parce qu'elle est fondée sur ce principe : Le souverain bien est de sa nature souverainement expansif (1).

Il est convenable, dit aussi saint Thomas d'Aquin, que Dieu se communique de la manière la plus intime possible, *summo modo*, à ses créatures. Or c'est ce que nous voyons accompli dans l'Incarnation. La bonté est en effet l'essence même de la Divinité. Tout ce qui convient à la bonté convient donc par cela même à Dieu. Or le propre de la bonté est de se communiquer le plus possible à la créature. Dieu s'est donc uni à la nature créée de telle sorte qu'une seule personne résulte de ces trois principes : le Verbe, l'Ame, la matière. « *Naturam creatam sic sibi conjungit, ut una personna fiat ex tribus : verbo, animâ et carne.* » (2)

IV.

L'Incarnation et la loi de continuité.

« Je pense, a dit quelque part Leibnitz, avoir de bonnes raisons pour croire que toutes les différentes classes des êtres dont l'assemblage forme l'univers ne sont dans les idées de Dieu qui connaît distinctement leurs gradations essentielles que comme autant d'ordonnées d'une même courbe dont l'union ne souffre pas qu'on en place d'autre entre deux à cause que cela marquerait du désordre et de l'imperfection. »

(1) *Carême de 1875*, p. 336.
(2) Th. d'Aquin, II quœst. I, art. 1.

C'est ce qu'on appelle maintenant le **principe de continuité.**

Cette idée de continuité pénètre tout l'esprit de la science moderne : elle est le fil directeur qui guide le savant dans le dédale des sciences naturelles et l'aide à classer les espèces tant minérales que végétales et vivantes. Elle nous permet d'affirmer qu'à travers l'infinie variété des êtres et des choses qui constitue la création visible, il règne une loi de progrès continu qui élève insensiblement la créature de la matière brute au dernier des êtres vivants et de celui-ci à l'homme.

Mais quelque élevé que soit l'homme dans l'échelle des êtres, n'est-il pas encore à une distance infinie de Dieu ? Sans doute nous pouvons concevoir — et la révélation nous enseigne formellement — l'existence au-dessus de l'homme d'une série d'êtres purement spirituels qui élèvent encore la création vers Dieu. Mais de la plus parfaite, de la plus élevée de ces créatures à Dieu, la distance n'est-elle pas encore infinie ? Quelque grand que soit un nombre dans la série des grandeurs, son rapport à l'infini mathématique est toujours le même ; il est identique à celui du nombre le plus petit que nous puissions concevoir ; c'est toujours zéro.

Il en est de même si des grandeurs abstraites nous passons aux grandeurs concrètes et de l'infini mathématique à l'infini substantiel qui est Dieu. Tous les êtres de la création quelque élevés qu'ils soient dans l'échelle des êtres sont toujours comme le néant par rapport à lui.

L'abîme qui sépare l'homme de la Divinité est donc infini, et la continuité que nous avons constatée jusqu'ici se trouve arrêtée brusquement à l'homme.

Mais le Verbe se fait chair, et l'abîme est comblé,

et la continuité rétablie de la nature créée à la nature incréée, du néant à l'infini.

« L'homme, dit le docteur Hettinger, est situé à la limite des deux mondes : le monde visible et le monde invisible ; le monde des corps et le monde des esprits ; il est le médiateur, le lien vivant qui met en rapport, qui réunit dans la plus intime et la plus indissoluble unité les deux grands ordres des êtres créés. Il est le centre où convergent et se mêlent toutes les forces, les lois et les formes de la vie intérieure et sensible ; le monde corporel avec toute la variété de ses formes et toute l'étendue de sa gradation se résume dans l'homme comme dans un abrégé du monde, dans un *microcosme*.»

C'est ce qu'avaient déjà admirablement saisi les grands esprits du moyen âge, et le plus éminent d'entre eux, St Thomas d'Aquin, avait dit dans un langage que ne désavouerait pas la science de notre époque : « L'homme peut être dit un monde en mi-« niature, car toutes les créatures du monde se ren-« contrent d'une certaine façon en lui : *Homo dicitur* « *minor mundus, quia omnes creaturæ mundi quo-* « *dammodo inveniuntur in eo* (1). »

« L'homme, continue le Dr Hettinger, prend ainsi la vie de la nature dont il est le sommet et la soustrayant aux lois qui régissent le monde des corps, il la fait entrer dans l'empire de l'esprit où règnent la clarté et la liberté.

« Mais il manque une pièce à la chaîne des êtres qui descend à travers toutes les formations et les organismes de la création jusqu'à l'atome. Le rôle que l'homme remplit entre la nature et l'esprit, qui est-ce qui le remplit entre l'homme et Dieu ? L'homme dé-

(1) Summ. Theolog. I. qu. XCI. art. 1.

pendant à la fois de la nature matérielle et de l'esprit leur sert de nœud, les joint l'une à l'autre. Quel est celui qui tenant tout ensemble de l'humanité et de la Divinité est le nœud qui unit l'homme à Celui qui domine au-dessus de tout, à Dieu ?»

C'est Jésus-Christ, véritablement médiateur entre l'homme et Dieu, comme l'homme est médiateur entre l'esprit et la matière. C'est l'Homme-Dieu, par qui se trouve réellement achevée la chaîne qui relie les deux natures créée et incréée et qui réalise ainsi parfaitement en lui cette plénitude des êtres et des choses dont parle l'Apôtre : *in ipso complacuit omnem plenitudinem inhabitare.*

V.

L'Incarnation et la loi de l'unité.

Tout ce que nous venons de dire de la continuité peut se dire aussi de l'*unité*, cette unité à laquelle tant de savants s'efforcent de ramener les éléments et les forces de tout l'univers.

Ce n'est pas le lieu de rappeler ici tant de théories laborieusement édifiées pour établir soit l'unité des forces physiques (1) soit l'unité des éléments atomiques des corps. On sait qu'une des préoccupations de la chimie est de réduire le nombre des soixante-cinq ou six corps simples ou éléments primordiaux des corps et qu'on a essayé bien des fois de les considérer comme des agrégats, de formes et de quantités variables, de molécules d'un élément unique qui serait par exemple l'hydrogène.

(1) Cf. *L'unité des forces physiques* du P. Secchi.

De même dans la physique on a essayé maintes fois d'expliquer tous les phénomènes de chaleur, d'électricité, et même de gravitation, par les différentes sortes de mouvements de cet élément atomique unique qui constituerait tous les corps.

Quoi qu'il en soit de ces essais de synthèse que le succès n'a pas encore couronnés, il n'en est pas moins vrai que l'immense variété des êtres et des phénomènes peut se ramener en dernière analyse à un nombre restreint d'éléments et de lois. Mais en admettant même qu'on puisse réduire encore ce nombre et arriver à l'unité tant cherchée (1), il n'en restera pas moins toujours en présence « le fini et l'infini, dualité persistante que les accroissements éternels du fini ne résoudront jamais en infini. Mais le Verbe se fait chair et ces deux disparates que leur nature éloigne éternellement l'une de l'autre ne sont plus qu'un seul être, un seul vivant, une seule personne ; et l'unité de tout ce qui est dans le ciel et dans les espaces est consommée... Le Créateur et la créature, le fini et l'infini, sans perdre ni mêler leurs natures, n'ont plus qu'une seule et même subsistance dans la personne du Verbe incarné (2). »

« Le Christ, dit saint Léon le Grand, représente « tous les êtres, car il porte en lui la nature de « tous (3) », et il est le seul à pouvoir les représenter pleinement ; seul il réalise en lui la parfaite synthèse de tous les éléments, de toutes les forces, de

(1) Remarquons du reste que cette unité est rigoureusement irréalisable même dans la nature visible puisque la matière et l'esprit forment au moins deux éléments irréductibles.

(2) P. MONSABRÉ. *Carême 1877*. p. 13.

(3) Serm. VIII de Passion. apud *Hettinger*.

toutes les substances tant de la nature physique que
de la nature animée, de la nature humaine et de la
nature divine ; et c'est à lui seul que peut s'appliquer en toute rigueur la formule de saint Paul, si
précise dans son énergique concision :

« Il a fait de toutes choses une seule chose. *Fecit*
« *utraque unum* (1). »

———

(1) *Ephes.* II. 14.

L'INCARNATION DANS SON OBJET.
LA RÉDEMPTION.

L'Incarnation, telle que nous venons de l'étudier, en quelque sorte dans son essence, manifeste plusieurs des perfections de Dieu, entre autres son infinie puissance, et son infinie bonté qui le pousse à se communiquer à ses créatures.

Nous avons vu les harmonies qu'elle présente ainsi avec quelques-unes des grandes lois que nous constatons dans l'univers visible.

Mais nous pouvons l'étudier aussi dans son objet, et nous allons voir se manifester ainsi d'autres perfections de Dieu, entre autres sa justice et sa miséricorde, en même temps que nous lui découvrirons sous cet aspect de nouvelles harmonies avec les lois et les phénomènes de la nature physique.

I.

L'Incarnation dans la souffrance et dans l'humiliation.

Nous avons démontré par ce qui précède que Dieu, dans l'Incarnation, n'a fait en somme que pousser à l'infini, comme il convient à sa nature, la loi générale qui régit l'union des êtres dans la nature créée, de manière à combiner dans un ensemble divin la nature créée et la nature incréée, la matière, l'homme et Dieu.

Il n'en est pas moins vrai qu'il y a dans le fait de l'Incarnation divine, tel qu'il se présente à nous, des circonstances que la convenance susdite n'explique pas et qui attirent forcément notre attention.

Puisque Dieu a pris la nature de l'homme, ne devait-il pas, lui qui est la grandeur et la puissance infinies, lui communiquer une grandeur, un éclat incomparables, devant lesquels toute intelligence humaine se serait forcément courbée ? Ne devait-il pas apparaître comme le maître et le chef visible de la création, comme le roi suprême de toutes les nations de la terre, et forcer l'adoration de ses créatures par la grandeur, la toute-puissance infinie de sa personne et de ses actes ?

C'est précisément le raisonnement que se faisaient les Juifs contemporains de Jésus, qui refusaient de reconnaître en lui le Messie, sachant que ce Messie promis à leurs pères devait réaliser sur la terre l'union la plus complète qui pût se voir de la Divinité et de l'humanité, et qu'il devait être le chef visible de toute la création. Quelle que fût la grandeur sublime de la doctrine de Jésus, quel que fût l'éclat de ses miracles, cette grandeur et cet éclat ne se manifestaient que par intervalles, et les docteurs d'Israël se refusaient à voir dans l'humble Nazaréen qui fuyait les grandeurs et ne se plaisait que parmi les pauvres, dans le doux thaumaturge qui se contentait de guérir les malades et refusait de faire un prodige dans le ciel, l'Homme-Dieu que rêvait leur orgueil et qui devait imposer la domination de leur race à tous les peuples de la terre (1).

Il y avait là un mystère auquel notre esprit, façonné par dix-huit siècles de christianisme, ne fait plus

---

(1) *Introduction scientifique à la foi chrétienne.* Bloud et Barral, éditeurs.

attention, mais qui devait frapper vivement les contemporains de Jésus.

Autrement dit, pourquoi l'Incarnation s'est-elle produite dans la souffrance et l'humilité, au lieu de se produire dans la grandeur et dans la gloire ?

C'est là le problème que nous avons actuellement à résoudre.

II.

Le mal.

Il est un fait visible, c'est que le mal existe sur la terre ; si loin que nous remontions dans l'histoire de l'humanité, nous voyons l'homme porter avec peine le fardeau de la vie et se traîner dans la souffrance de son berceau à son tombeau.

Comment Dieu, qui est la bonté infinie, n'a-t-il pas concilié les choses de manière que l'homme n'ait pas à souffrir ? Grave question que nous sommes bien souvent tentés de lui adresser dans notre for intérieur, quand nous sommes accablés par la souffrance physique et encore plus par la douleur morale. Autrement dit, pourquoi le mal existe-t-il ?

Et d'abord qu'est-ce que le mal ?

Le mal est la non-conformité d'un être à sa fin. Si tout dans l'univers était régi, comme le veut la doctrine matérialiste, par les lois nécessaires et immuables de la matière, le mal ne devrait pas exister, puisque le mal est précisément ce qui est contraire à la nature des êtres et des choses.

L'existence de la douleur, qui est un fait indéniable, prouve qu'il y a autre chose dans l'homme que de simples mouvements d'atomes. Car ces mouvements d'atomes, régis par des lois éternelles et nécessaires, ne devraient produire que des conséquences régulières, d'où par suite le mal devrait être absent.

Ainsi les théories matérialistes sont incapables de nous expliquer l'origine du mal, de nous en faire même comprendre l'existence, et cette impuissance radicale suffirait à elle seule à les condamner si nous n'avions déjà donné d'autres preuves non moins décisives de leur absurdité scientifique (1).

Cherchons à notre tour quelle peut être l'origine du mal.

Cette origine ne peut être directement ou immédiatement Dieu. Car Dieu est, par définition, la cause et le principe de tout bien ; et s'il était en même temps la cause volontaire ou immédiate du mal, il en résulterait que le bien et le mal auraient la même essence, c'est-à-dire que deux choses essentiellement différentes seraient essentiellement les mêmes, ce qui est absurde.

D'où peut donc venir le mal, puisqu'il ne vient pas des mouvements mécaniques nécessaires de la matière, puisqu'il ne vient pas de Dieu ? La seule solution qui ait jamais été donnée de ce grave problème est celle que nous fournit le christianisme, d'accord en cela — comme en tout le reste — avec le sentiment intime de l'homme et les traditions les plus anciennes de l'humanité.

L'homme, nous dit le christianisme, a été créé libre et heureux. S'il était resté fidèle à son origine et humblement obéissant à Dieu, il n'aurait connu

_____

(1) Voir *Nécessité scientifique de l'existence de Dieu*, par PIERRE COURBET.

ni le mal ni la mort; mais il s'est rendu indigne de son bonheur par son orgueil et son ingratitude. Sa nature a, par cela même, subi une modification profonde, qui se répercute à travers les âges dans toutes les races et les générations humaines. Il s'est écarté volontairement de Dieu, et de même qu'un corps pesant ayant brisé l'obstacle qui le retient tombe vers son centre d'attraction, sans jamais pouvoir remonter de lui-même vers son point de départ, ainsi l'homme, ayant brisé lui-même le lien qui l'unissait à Dieu, est tombé en dehors de la sphère d'union à Dieu, sans qu'il puisse jamais de lui-même revenir à lui.

Or, le mal, avons-nous dit, consiste dans la non-conformité d'un être à sa fin. La fin de l'homme créé dans le bonheur et l'innocence était l'union morale et spirituelle avec Dieu. L'homme, ayant rompu cette union, est tombé dans le mal, et aurait subi éternellement les conséquences de cette *chute*, si analogue, comme nous venons de le voir, à la chute d'un corps pesant dans le vide, si Dieu n'était intervenu lui-même pour l'arrêter.

Tel est dans ses grandes lignes le dogme catholique du péché originel et de l'apparition du mal sur la terre. Sans doute la science est impuissante à démontrer que ce dogme est vrai, de même qu'elle est impuissante à démontrer qu'il est faux — comme pour tous les dogmes du reste.

Mais ce qu'elle peut faire, c'est de montrer qu'il s'accorde parfaitement avec les tendances de l'homme, avec les traditions et l'histoire de l'humanité comme avec les lois de la sociologie, et qu'il s'harmonise admirablement avec le dogme de l'Incarnation, tel que nous l'avons exposé plus haut.

Cette seconde partie entre seule dans notre programme actuel et c'est celle que nous allons exposer maintenant avec quelques détails.

III.

De la réparation du péché. Analogie tirée de la nature humaine.

Saint Thomas d'Aquin nous montre dans une analogie saisissante de quelle manière nous pouvons concevoir la réparation du péché originel par le Verbe de Dieu.

Lorsqu'un artiste, un statuaire par exemple, voit son œuvre dégradée par un accident, il s'efforce de la réparer; il y applique sa pensée; il unit, pour ainsi dire, sa pensée à son œuvre; plus, d'une part, cette union est intime, plus, d'autre part, sa pensée est puissante, plus la nouvelle œuvre qui en résultera approchera de la perfection.

Il en est de même de Dieu.

Quand Dieu vit l'homme, son œuvre, dégradé par le mal, il lui appliqua sa pensée pour le relever de l'abaissement où il était tombé. Mais la pensée de Dieu est infinie comme Dieu; elle est parfaite comme lui; et comme la première condition de la perfection absolue est l'existence, elle est vivante comme lui; elle constitue ce que saint Jean et, après lui, la théologie catholique ont appelé le Verbe ou la Raison de Dieu. Et le Verbe de Dieu, en s'appliquant parfaitement à l'homme, constitue un être distinct et vivant dans lequel l'humanité et la Divinité coexistent, unies d'une manière transcendante et réelle.

Cette démonstration qui relie entre eux les dogmes les plus importants du christianisme, l'Incarnation, la sainte Trinité, le péché originel et la Rédemption, nous prouve, soit dit en passant, quelle logique il y a dans tout l'ensemble de la doctrine chrétienne et quel merveilleux enchaînement elle présente dans toutes ses parties.

IV.

L'Incarnation et la justice de Dieu.

L'origine du mal, avons-nous dit, est le péché. Or tout péché demande une expiation. C'est en effet le principe même de la justice que le mal volontaire doit être puni ; car le mal, par sa définition même, est le désordre, et il faut que le désordre soit réparé pour que notre raison soit satisfaite ; notre âme souffre, notre raison proteste quand elle voit le mal triompher, comme notre oreille souffre d'une note fausse, comme notre œil est choqué d'un ton criard.

Mais s'il en est ainsi de la justice humaine, peut-il en être autrement de la justice de Dieu ? Le bien, le droit, la justice sont des notions dont l'origine ne peuvent se concevoir, si elles ne viennent pas de Dieu, si elles ne sont pas le reflet du bien absolu et de la justice immanente qui sont Dieu même.

Or où trouver dans la nature créée la matière d'une peine qui égale le péché, c'est-à-dire la désobéissance volontaire à Dieu ? Le péché commis contre Dieu, dit saint Thomas, possède une certaine infinité provenant de l'infinité de la majesté divine qu'il offense, car plus est grande la personnalité de l'offensé, plus est grave l'offense commise contre lui (1). Le péché tenant d'un côté à Dieu est donc par ce côté en quelque sorte infini comme lui ; et l'homme, être essentiellement fini et borné, et toutes les créatures, finies comme lui, ne peuvent malgré tous leurs efforts satisfaire à la justice de Dieu parce qu'ils ne peuvent combler l'abîme qui les sépare de lui. Tous leurs mérites accumulés, en admettant qu'ils puissent acquérir des mérites par eux-mêmes, tous ces mérites surajoutés les uns aux autres ne peuvent pas plus satisfaire la justice de Dieu offensée par le péché que des nombres ajoutés les uns aux autres ne peuvent donner l'infini.

Pour trouver une satisfaction digne de Dieu, il fallait donc donner à l'humanité en quelque sorte l'infinité qui lui manquait, et c'est ce que Dieu a fait dans l'Incarnation où l'être à la fois Dieu et homme satisfait d'une manière parfaite à la justice divine offensée, *méritant* comme homme et donnant comme Dieu un prix infini à ses mérites.

V.

Analogies avec l'univers physique. Le péché originel.

Nous trouvons dans la nature physique quelques analogies qui peuvent nous aider à comprendre la manière dont l'Incarnation a pu réparer le mal originel.

Remarquons tout d'abord que l'humanité dans son ensemble forme un tout dont les diverses parties sont jusqu'à un certain point solidaires.

(1) *Summa Theol. Incarn.* III.

Certains esprits s'étonnent de cette solidarité morale qui lie d'une façon si étroite ces individualités libres qui constituent chaque personnalité humaine. Il serait facile de démontrer que, tous comptes faits et surtout dans le plan primitif, cette solidarité est un bien ; il est incontestable en tout cas qu'elle existe ; c'est un fait visible, indéniable, que chacun de nous en naissant subit les conditions du milieu que lui ont fait ses ancêtres, ses parents, ses concitoyens. Peut-être cette influence va-t-elle en diminuant avec le temps ; en tout cas elle ne disparaît jamais complètement, et même à ce point de vue, historique et social, un acte accompli par nos premiers parents *doit* exercer son influence plus ou moins considérable dans toute la suite des âges humains.

L'univers physique nous offre une image saisissante de cette solidarité. Cet univers est composé, comme on le sait, d'atomes ou de systèmes matériels dont aucun n'est absolument indépendant des autres. Chacune des molécules constitutives d'un corps exerce une action attractive sur toutes les autres molécules de l'univers ; ainsi toutes sont solidaires les unes des autres, et bien que cette action diminue avec la distance, si loin qu'on puisse les concevoir, elle ne s'annule jamais complètement.

De même si l'on suppose un ébranlement en un point quelconque de l'espace, cet ébranlement se communique par contact soit aux molécules voisines de la matière soit aux molécules de l'éther luminique qui remplit tous les espaces visibles et il se propage ainsi de proche en proche à travers tout l'univers physique ; cet ébranlement peut se transformer suivant les lois bien connues de l'énergie ; il ne s'anéantit jamais ni en tout ni en partie et l'on peut dire ainsi qu'un ébranlement communiqué à l'origine des choses doit se faire sentir dans son intégrité jusqu'à la fin des temps.

Or, puisqu'il en est ainsi de l'univers matériel, pourquoi n'en serait-il pas de même de cet univers moral qui constitue l'humanité ?

Les différences mêmes qui distinguent ces deux sortes d'univers ne peuvent que nous faire mieux comprendre la nature du péché originel.

Tandis en effet que la matière est essentiellement *fonction* de l'espace et n'est pas dans son ensemble *fonction* du temps (puisque sa quantité totale n'augmente ni ne diminue avec le temps), la nature humaine est, par l'âme, substance immatérielle, absolument indépendante de l'espace et seulement fonction du temps.

Par suite on ne peut appliquer à la nature humaine, en tant que substance immatérielle, la notion de *quantité* qui dépend de l'espace. Elle était contenue substantiellement tout entière dans l'homme tel qu'il sortit de la volonté du Créateur et elle s'est développée, dans le temps, suivant les formes spéciales qui constituent chaque individualité humaine.

Rien ne peut donner une idée plus exacte de ce qui précède que ce que la science moderne nous enseigne de l'énergie.

Toute l'énergie qui se manifeste dans l'univers physique était contenue à l'état potentiel dans la nébuleuse primitive quelles que fussent ses dimensions absolues. Cette énergie n'a cessé de se développer à travers tout l'espace qu'occupe actuellement l'univers physique, de se manifester suivant les formes les plus variées, mouvement, chaleur, électricité ; elle est toujours à tout moment, égale à ce qu'elle était à l'origine des choses; autrement dit la force vive de l'univers matériel est constante; elle se développe sans cesse, mais elle n'augmente ni ne diminue et elle est comprise tout entière dans la force vive potentielle de l'origine.

Il en est ainsi de la nature humaine. Elle était comprise substantiellement tout entière dans nos premiers parents, et elle est allée sans cesse se développant dans le temps, comme un mouvement ondulatoire qui s'étend dans l'espace en se transformant sans cesse est compris tout entier en puissance dans l'ébranlement qui lui a donné naissance.

On comprend par suite, comment toute l'humanité étant comprise originairement dans le premier homme, une faute commise par lui a affecté tout le genre humain et l'affectera indéfiniment.

Le genre humain tout entier était dans son chef, dit saint Anselme; dans le premier homme il y avait la personne qui s'appelait Adam et la nature, c'est-à-dire l'homme; et la personne rendit pécheresse la nature.

La faute d'Adam a donc constitué un ébranlement moral qui se propage dans toute la nature humaine contenue primitivement en lui, comme un ébranlement mécanique produit dans la nébuleuse primitive se propagera jusqu'à la fin des temps dans tout l'univers physique. Seulement, l'univers physique étant fonction de l'espace, l'ébranlement mécanique demande pour se communiquer à toute la masse matérielle un temps déterminé, tandis que la nature humaine étant, dans sa partie spirituelle, indépendante de l'espace, l'ébranlement moral l'a affectée instantanément tout entière.

VI.

Analogie avec l'univers physique (*Suite*).
La Rédemption.

Nous venons de voir qu'un acte accompli dans le
monde moral ne peut pas plus s'anéantir que la matière ou l'énergie dans l'univers physique, et que
l'ébranlement communiqué par cet acte au monde
des âmes doit se propager dans ce monde absolument comme un ébranlement mécanique effectué
en un point de l'univers affecte tout le monde matériel, sous forme d'une onde vibratoire se propa-
geant indéfiniment dans toutes les directions.

Mais dans ce dernier cas, si l'effet physique ne
peut être supprimé, l'homme peut du moins transformer à son gré les phénomènes qui en résultent ;
il peut, par exemple, réfléchir le mouvement vibratoire dont nous venons de parler, en le faisant
revenir à sa source avec une différence d'une demi-
phase, de manière qu'il s'ajoute au mouvement primitif pour en détruire l'effet. C'est ce qu'on appelle
en physique le phénomène de l'interférence. On
conçoit que Dieu ait fait dans le monde moral quelque chose d'analogue à ce que nous pouvons faire
dans le monde physique. On conçoit qu'il ait modi-
fié les effets de la faute originelle, de manière à
redresser la situation morale de l'homme et à lui
permettre de revenir à Dieu, comme un mouvement
vibratoire peut se réfléchir sur un obstacle extérieur et interférer avec le mouvement primitif de
manière à l'annihiler.

C'est à une action de ce genre de la Providence

divine que l'on peut comparer le mystère de la Rédemption.

Après l'ébranlement communiqué à l'humanité par la faute du premier homme, tous les efforts de l'humanité pour remonter d'elle-même à Dieu devaient être aussi impuissants que les mouvements moléculaires d'une pierre qui tombe dans le vide le seraient pour arrêter la chute de cette pierre ou la faire revenir à son point de départ.

Pour ramener l'homme dans la sphère d'union avec Dieu, dont il était volontairement sorti, il lui fallait un point d'appui extérieur et une force infinie dirigée vers Dieu. Or, l'homme étant d'une part essentiellement fini, et ne pouvant d'autre part trouver ce point d'appui en lui-même, il est clair que le problème était insoluble, et l'aurait été éternellement si la bonté infinie de Dieu n'était venue à son aide.

Il lui fallait un point d'appui extérieur. Dieu seul pouvait le lui fournir. C'est donc Dieu qui devait être le principal agent de la Rédemption. D'un autre côté, l'homme ayant péché, il fallait que le péché fût expié, c'est-à-dire que l'acte réparateur fût fourni par la nature humaine et que la force dirigée vers Dieu provînt de cette même nature humaine.

Ce sont précisément ces conditions qui se sont trouvées réalisées dans l'Incarnation divine en vue de la Rédemption.

Jésus, avons-nous vu, est à la fois Dieu et homme. Comme Dieu, il fournit à l'homme le point d'appui extérieur et la force infinie dont il a besoin pour revenir à Dieu. Comme homme, il agit sur la nature humaine tout entière en la redressant, pour ainsi dire, de telle manière qu'elle puisse vibrer à l'unisson du mouvement rédempteur (1).

De plus, en nous reportant à la comparaison qui précède, il est facile de concevoir comment les mérites de Jésus-Christ peuvent se surajouter à ceux de l'homme avant aussi bien qu'après l'Incarnation. En effet, un ébranlement matériel se propage dans tous les sens, en arrière aussi bien qu'en avant; quel que soit le point où il a pris naissance, il atteint toutes les parties de la masse matérielle où il se produit. On conçoit qu'il puisse y avoir quelque chose d'analogue pour la Rédemption, et que les mérites de l'Homme-Dieu aient pu s'appliquer aux âmes des justes qui ont précédé sa venue de la même manière qu'ils s'appliquent aux nôtres.

En résumé, nous pouvons comparer la faute originelle à un ébranlement produit dans la substance humaine, ébranlement qui a détruit l'équilibre de cette substance dans son union avec Dieu, et la Rédemption à un ébranlement en sens inverse venant de Dieu, se produisant également dans la substance humaine, de manière à annihiler l'ébranlement primitif, à peu près comme un mouvement ondulatoire peut être arrêté par un obstacle extérieur et donner naissance à une onde en sens inverse qui, s'ajoutant à la première sous certaines conditions, l'anéantit.

(1) Il est bien entendu, du reste, que ce n'est là qu'une analogie, une simple comparaison. Nous n'avons pas la prétention d'expliquer le *mécanisme* de la Rédemption qui, tenant d'un côté à Dieu, sera toujours infiniment au-dessus de notre intelligence. Notre but est simplement de montrer la possibilité et la convenance rationnelle de ce mystère, par les analogies grossières que nous présente la nature physique.

VII.

L'Incarnation et la bonté de Dieu.

Ainsi l'Incarnation n'a pas eu seulement comme but de rapprocher l'homme de la Divinité et de combler la distance infinie qui les sépare ; elle a eu pour but également de réparer la faute originelle et de ramener l'homme dans la sphère d'union avec Dieu.

Ainsi comprise l'Incarnation rédemptrice nous explique cette particularité contre laquelle nous nous étions heurtés tout d'abord, celle des souffrances et de l'humiliation de l'Homme-Dieu. Ces souffrances et cette humiliation étaient non pas *nécessaires*, au sens strict et absolu du mot, mais convenables au plus haut point pour l'objet que Dieu avait en vue. Les souffrances volontaires de l'homme étaient insuffisantes pour satisfaire la justice de Dieu. Dieu y substitue les souffrances volontaires d'un être à la fois Dieu et homme, Dieu parfait et homme parfait.

Elle nous permet en outre de mieux comprendre l'infinie miséricorde de Dieu.

Nous n'avons pas à examiner ici si Dieu aurait pu créer un monde où l'homme existât à la fois libre et heureux et où le mal n'existât pas. Ce qu'il y a de certain, c'est que le mal existant, Dieu a voulu, pour ainsi dire, en prendre sa part.

« Dieu, dit l'Apôtre, ne pouvant souffrir dans son « immuable nature, a pris la nôtre et a cru devoir se « faire semblable à ses frères pour devenir miséri- « cordieux (1). »

(1) Hebr. II. 17.

Ainsi l'homme n'a pas le droit d'accuser la Providence d'injustice ou de cruauté à son égard. Le mal dont il souffre ne provient que de lui-même ou de ses semblables. Mais si jamais il s'était cru posséder un pareil droit, il l'aurait perdu depuis que Dieu a voulu se revêtir de notre humanité de douleur et de mort et a accepté pour lui-même des souffrances physiques et morales telles qu'aucun homme n'a dû et n'a pu en endurer de semblables.

VIII.

Hypothèse de l'Incarnation dans une humanité non pécheresse. Analogies tirées des symboles mathématiques.

Les théologiens se sont souvent demandé si l'Incarnation aurait eu lieu dans une humanité non pécheresse, c'est-à-dire au cas où Adam et ses descendants n'eussent jamais prévariqué.

C'est là une question d'un intérêt tout théorique et que l'on ne peut résoudre d'une façon certaine, puisqu'elle dépend uniquement de la volonté de Dieu.

Tout ce que l'on peut affirmer, avec l'ensemble des théologiens, c'est que dans ce cas, si l'Incarnation avait eu lieu, elle se serait produite dans la gloire au lieu de se produire dans la souffrance. L'humanité aurait sans doute vu un Christ comme celui qui s'est manifesté au Thabor, dans un rayonnement de gloire surhumaine qui eût fait éclater de prime abord sa Divinité. Une telle manifestation aurait sans doute mieux convenu à des intelligences fixées dans le bien et déjà unies par la grâce à la Divinité qu'elles ne pouvaient méconnaître dans aucune de ses œuvres. L'Incarnation dans la souffrance convient

mieux à des hommes fixés dans le péché et ayant besoin des mérites de l'Homme-Dieu pour se relever.

Sans doute l'infinie puissance de Dieu est aussi
nécessaire pour combler la distance qui sépare
l'homme de la Divinité dans les deux cas; car qu'elle
soit dans la grâce ou dans le péché, le rapport de la
créature au Créateur est toujours zéro.

Cependant sa miséricorde se manifeste mieux dans
le second cas que dans le premier. Il semble qu'il
soit plus difficile de ramener l'homme à Dieu quand
il s'est écarté de lui que de l'élever à Dieu quand il
tend déjà vers lui. Il y a là, au moins pour notre raison, deux opérations distinctes, au lieu d'une.

Une analogie mathématique fera peut-être mieux
comprendre ce qui précède.

L'homme est de lui-même, même en état de grâce,
comme un néant vis-à-vis de la Divinité. On peut le
représenter par le symbole mathématique du néant
qui est zéro, tandis que la Divinité est représentée
par le symbole mathématique de l'infini, ∞.

Par l'Incarnation dans une humanité non pécheresse, Dieu aurait donc amené la nature humaine,
de zéro à l'infini.

Mais l'homme par le péché s'écarte de Dieu,
ce que l'on peut représenter en langage
mathématique en disant qu'il tend vers $- \infty$. Par
l'Incarnation dans la souffrance, Dieu le ramène donc
de $- \infty$ à $+ \infty$, au lieu de l'amener comme dans le
premier cas de 0 à $+ \infty$.

De même, par son Incarnation dans une humanité
en état de grâce, on peut dire que le Verbe de Dieu
se serait humilié de $+ \infty$ à 0.

Par son Incarnation dans une humanité pécheresse, il s'humilie de $+ \infty$ à $- \infty$.

Sa miséricordieuse bonté à notre égard éclate ainsi

à nos yeux d'une façon infiniment plus grande dans le second cas que dans le premier.

Du reste pour cette question de l'humanité non pécheresse, les théologiens des âges antérieurs étaient moins avancés que nous ; ils n'avaient à leur disposition qu'une seule hypothèse, celle de l'Incarnation dans la gloire que nous venons d'examiner.

Les découvertes astronomiques de notre époque nous fournissent une seconde solution qui, pour être tout aussi hypothétique, tout aussi *indémontrable* que la première, ouvre cependant à notre esprit de si vastes horizons qu'il nous est impossible de n'en pas dire un mot.

En admettant qu'il y ait, en dehors de la terre, d'autres mondes habités par des natures intelligentes comme nous, ayant comme nous la connaissance de Dieu, pouvant mériter ou démériter comme nous, si le Verbe de Dieu a choisi notre monde plutôt qu'un autre pour s'y incarner, c'est que sans doute c'est la race d'Adam qui de toutes les races analogues était le plus déchue et par suite celle qui avait le plus besoin de la Rédemption.

Si l'humanité n'avait pas prévariqué, il est donc permis de supposer que le Verbe de Dieu eût choisi pour s'incarner une autre nature pécheresse, et c'est alors quelque planète inconnue de l'un quelconque des systèmes solaires qui peuplent l'espace qui fût devenue le théâtre du mystère de la Rédemption.

C'est par l'examen de cette dernière hypothèse que nous allons terminer cette étude sur l'Incarnation.

IX.

L'Incarnation et la pluralité des mondes habités.
Etat de la question (1).

Il est peu de questions qui aient plus excité la curiosité et soulevé plus de discussions que celle de l'habitabilité des mondes.

Depuis que le système de Copernic a triomphé des théories géocentriques des anciens philosophes de l'antiquité, depuis que l'on s'est aperçu que la terre, loin d'être le centre du monde, n'était qu'un grain de sable perdu dans l'immensité de l'espace, et ne se distinguait pas, dans sa constitution physique essentielle, des autres planètes de notre système solaire, on s'est demandé pourquoi cette même terre serait le seul point de l'espace habité par des êtres organisés vivant et pensant comme nous.

Cette question qui, au premier abord, ne paraît offrir qu'un intérêt de pure curiosité scientifique, acquiert cependant une importance considérable par le fait de sa connexion intime avec le mystère de l'Incarnation.

Il est clair, en effet, que si les autres mondes sont habités par des êtres intelligents, pouvant mériter et

(1) Cette question a été longuement traitée par le R. P. Ortolan dans trois brochures de la bibliothèque des *Nouvelles études philosophiques, scientifiques et religieuses* de MM. Bloud et Barral. (*Etudes sur la Pluralité des mondes habités et le dogme de l'Incarnation*). Ce qui suit est extrait d'une étude analogue qui avait paru antérieurement, dans le *Cosmos* du 19 mai 1894. Nous en avons supprimé tout ce qui pouvait faire double emploi avec les brochures du R. P. Ortolan.

démériter comme nous, on est en droit de se demander pourquoi le Verbe de Dieu a choisi pour s'incarner notre nature humaine, de préférence aux
natures qui peuplent les autres mondes habités. On
peut également se demander si les mérites iufinis
qui sont attachés à ses souffrances humaines s'appliquent à ces natures différentes des nôtres, et,
dans ce cas, comment elles s'appliquent à elles à
travers les espaces incommensurables qui les
séparent.

Ce sont là, nous dira-t-on, des questions insolu-
bles; il sera, en effet, toujours impossible de les
éclaircir complètement, puisque nous ne pouvons
connaître des desseins de Dieu que ce qu'il lui plaît
de nous dévoiler, et que les saintes Ecritures, qui
contiennent le dépôt des vérités révélées, sont muet-
tes à cet égard. Cependant, les mêmes Ecritures
nous apprennent que Dieu a livré le monde à nos
investigations; et bien que nous ayons la certitude
de ne jamais avoir ici-bas une réponse décisive aux
questions que nous nous sommes posées, il ne nous
est pas cependant défendu de les étudier à la lumière
des faits acquis et de faire à leur sujet toutes les
hypothèses compatibles d'une part avec la justice et
l'infinie bonté de Dieu, d'autre part avec les lois
connues de l'univers physique.

Nous n'avons pas à discuter ici le problème de
l'*habitabilité* des mondes, à savoir, si oui ou non les
mondes sont habitables. Si la religion est muette
là-dessus, il faut avouer que la science ne nous
apprend non plus rien de formel à cet égard. Des savants illustres, également spiritualistes, ont soutenu
les deux thèses opposées. Le P. Secchi, un des maî-
tres de l'astronomie physique, croit que, non seulement les mondes sont habitables, mais qu'ils sont

habités ; la raison qu'il en donne, c'est que Dieu ne fait rien pour rien, et que les mondes innombrables qui nous entourent n'auraient aucune raison d'être s'ils n'étaient destinés à servir d'habitation à des êtres appelés à connaître, à servir et à aimer leur Créateur.

M. Faye a répondu à cela que, s'il était absurde d'affirmer qu'aucun astre ne pouvait être habité, il était non moins absurde de prétendre que tous devaient l'être. Il a montré en effet quelles étaient les conditions nécessaires pour que les autres mondes fussent habitables et comment ces conditions ne pouvaient être réalisées que dans un nombre relativement très restreint de planètes. Si donc il y a des mondes habitables, ce ne peut être, d'après l'éminent astronome, qu'une infime minorité dans l'ensemble des astres.

Enfin en admettant qu'il y ait des mondes *habitables*, rien ne dit qu'il y ait des mondes *habités*. Sur ce dernier point, la science est absolument muette et le sera vraisemblablement toujours.

Cela posé, deux hypothèses seules sont en présence :

1° Les mondes qui nous entourent sont inhabités ; la terre est le seul lieu de l'espace où vivent des êtres organisés, intelligents, ayant la connaissance de Dieu.

Dans ce cas l'Incarnation et la Rédemption ne s'appliquent évidemment qu'à l'homme et nous n'avons rien à ajouter à ce qui précède.

2° Il y a quelque part un ou plusieurs (1) mondes

_____

(1) Remarquons que le nombre ne fait rien à la chose, et que la question est identiquement la même pour un seul ou pour une quantité aussi grande que l'on voudra de ces mondes.

habités par des êtres analogues à nous, pouvant mériter ou démériter comme nous.

C'est cette seconde hypothèse que nous allons examiner maintenant avec quelques détails.

X.

L'Incarnation et la pluralité des mondes habités (*Suite*).
Objections et solutions.

C'est une des objections qn'on nous oppose le plus
souvent à notre époque que celle de l'existence des
mondes habités par des êtres intelligents comme
nous. Nous allons voir qu'au contraire cette existence, si elle était démontrée, ne ferait que donner
une ampleur encore plus grande à nos dogmes et
ne saurait troubler en rien notre foi.

Une première objection est tirée de la petitesse
de notre globe. Il est absurde, dit-on, que ce grain
de sable perdu dans l'immensité de l'espace et en-
touré de tant de mondes infiniment plus vastes ait
été choisi par Dieu au détriment des autres.

Remarquons d'abord que s'il y a d'autres mondes
habités que le nôtre, cela ne peut pas être, comme
nous l'avons déjà dit, les immenses soleils qui les
éclairent ; la raison d'être de ces astres est parfaitement définie par leur nature même ; ils sont char-
gés de distribuer autour d'eux la chaleur et la
lumière nécessaires à la vie ; mais ils ne présentent
pas en eux-mêmes les conditions nécessaires au
développement de la vie, non plus que les nébu-
leuses. Il n'y a que les planètes qui peuvent être
habitées. Or, d'après ce que nous connaissons de notre
système solaire, les planètes sont de dimensions com-
parables les unes aux autres ; sans doute, la terre

n'est pas la plus grosse ; mais elle n'est pas non plus la plus petite, loin de là. Du reste, il est absurde de penser que Dieu ait attaché son choix à une considération pareille. La Rédemption étant un phénomène d'ordre moral, le choix de la terre comme théâtre de la Rédemption ne peut dépendre de considérations purement physiques.

On pourrait demander avec la même raison :

Pourquoi le Verbe de Dieu a-t-il choisi pour naître Bethléem plutôt que telle ou telle autre ville plus illustre ? Les juifs et les chrétiens du moyen âge pensaient qu'il en était ainsi parce que Bethléem était le centre de la superficie de la terre considérée comme un disque. Cette opinion ne se soutient plus maintenant, et nous devons répondre que si Dieu a choisi Bethléem, c'est que précisément il voulait naître dans une bourgade obscure, au milieu d'un peuple misérable et l'un des plus méprisés de la terre. Il en est de même sans doute relativement au choix de la terre comme théâtre de l'Incarnation et de la Rédemption. Si Dieu l'a choisie de préférence aux autres planètes, c'est que la race humaine est peut-être la plus misérable, la plus coupable de toutes celles qui connaissent Dieu, celle qui a le plus besoin de profiter directement de la Rédemption.

Il nous reste à examiner une seconde objection.

S'il y a des mondes habités par des races pouvant pécher comme nous et ayant, comme nous, besoin d'être rachetées, comment la Rédemption accomplie sur la terre peut-elle s'appliquer à ces races ? Comment ont-elles pu en avoir connaissance ?

Remarquons tout d'abord qu'il n'est pas nécessaire qu'elles en aient connaissance pour que les mérites de la Rédemption puissent s'appliquer à elles.

Nous, par exemple, nous usons des sacrements

sans en comprendre l'essence, sans en connaître ce qu'on pourrait appeler le *mécanisme*. Ne peut-on admettre que d'autres êtres y participent sans en connaître non seulement le mécanisme mais même l'existence? Ne sommes-nous pas assujettis, dans l'ordre physique, à une foule de lois que la plupart des hommes ignorent et qui ne s'accomplissent pas moins en eux à leur insu? Ne peut-il pas en être de même dans le monde moral? Ainsi, quand on baptise nos enfants, ceux-ci n'ont pas la moindre connaissance du sacrement qu'ils reçoivent ni du mystère qui s'accomplit en eux ; et pourtant ce sacrement les rend participants, à leur insu, des mérites de la Rédemption ; et par le seul fait qu'ils l'ont reçu, ils participent, même sans le savoir, à la vie de la grâce qui émane de la Rédemption.

Il en était de même des justes de l'ancienne loi, et même d'une manière plus générale, il en est encore ainsi de tous les hommes qui, dans quelque temps et dans quelque lieu que ce soit, n'ayant pas connaissance des mystères de l'Incarnation et de la Rédemption, vivent en pleine conformité avec la loi naturelle qu'ils connaissent seule. Tous participent, sans s'en douter, aux mérites du Christ.

Quelle difficulté y a-t-il d'admettre qu'il en est de même des êtres qui peuplent les autres mondes ? Admettons qu'ils n'aient aucune connaissance, même purement intellectuelle, aucune intuition du phénomène de la Rédemption ; ils sont alors simplement dans le cas des enfants qui reçoivent la grâce du baptême sans connaître le sacrement, des justes qui ont vécu, qui vivent ou vivront en dehors du christianisme et qui participent sans s'en douter aux mérites de Jésus-Christ.

On nous objectera peut-être qu'il n'y a pas d'assimilation possible entre les deux cas, attendu que tous les êtres qui vivent sur la terre, descendant d'un même couple originel, il y a une sorte de communication physique entre tous les membres de même famille, que toute la substance humaine étant comprise en Adam, les mérites du Christ ont reflué, pour ainsi dire, du Christ à Adam pour se répandre ensuite dans toutes les parties de l'humanité.

Remarquons d'abord que ce n'est pas là une communication physique proprement dite, mais bien plutôt une communication morale, qui s'est produite au sein d'un milieu immatériel, en dehors de toutes conditions d'espace et de temps. Une communication; analogue, quoique de nature différente, pourrait donc être établie entre les races diverses qui peuplent les autres mondes. Nous ne connaissons pas, il est vrai, la nature de cette dernière communication; mais nous ne connaissons pas davantage la nature et le mécanisme de la première, dans laquelle réside à proprement parler le mystère de la Rédemption. Puisque nous admettons le mystère dans le premier cas, rien ne nous empêche de l'admettre également dans le second.

Du reste, s'il était nécessaire qu'un lien physique réunît, pour ainsi dire, toutes les races à la partie *physique* du phénomène de la Rédemption, rien ne nous empêcherait encore d'admettre l'existence de ce lien, comme nous allons le montrer.

La science moderne établit la nécessité d'un agent répandu dans l'espace et reliant entre elles toutes les parties visibles de l'univers. Cet agent qui constitue le milieu propagateur de la lumière est ce qu'on nomme l'éther. Cet éther est le siège de mouvements ondulatoires qui se propagent de tous les côtés et ne s'annihilent jamais, d'après les lois connues de l'énergie. Tout phénomène qui se produit dans l'univers est donc enregistré pour ainsi dire d'une façon indélébile dans la matière ou dans l'éther. Il est porté successivement à la connaissance de toutes les parties de l'univers avec une vitesse qui n'est autre que celle de la lumière. C'est ainsi que le grand drame du Golgotha forme une sorte de tableau vivant qui se déplace sans cesse à travers les mondes, où il peut être perçu à des instants successifs pouvant être déterminés rigoureusement en fonction de la vitesse de la lumière et de la distance à la terre.

Sans doute notre œil ne peut recueillir de telles perceptions au delà de certaines limites dépendant à la fois de la puissance de nos organes et de l'intensité de l'ébranlement d'origine. Mais de ce que nos organes de perception ne sont pas assez puissants pour en être impressionnés, il ne s'ensuit pas que cet ébranlement n'existe pas ; il peut diminuer de plus en plus d'intensité à mesure qu'il se répand sur une sphère dont le rayon augmente de plus en plus, mais, comme nous l'avons dit, il ne s'annihile jamais complètement.

Or, si l'homme parvient à amplifier grâce à ses instruments, et à saisir des vibrations qui seraient insensibles à ses organes ; s'il réussit à fixer, par exemple, sur ses plaques photographiques, des radiations que son œil ne peut percevoir, qu'y a-t-il d'absurde à imaginer qu'un ébranlement, même réduit à une fraction infiniment petite de sa valeur primitive, comme lorsqu'il arrive à des mondes différents du nôtre, puisse acquérir une intensité nouvelle qui le rende sensible à la surface de ces mondes ? Qui peut affirmer que Dieu n'a pas agi ainsi pour communiquer le fait de la Rédemption aux différentes natures qui peuplent les autres mondes ?

Sans doute, nous sommes ici dans le domaine de l'hypothèse pure ; mais de telles hypothèses n'ont rien de contraire, ni aux faits acquis par la science, ni à l'infinie bonté de Dieu. Qui donc aurait pu concevoir, avant l'institution de l'Eucharistie, que Dieu multiplierait le sacrifice de la croix de façon à le rendre présent sur nos autels aussi souvent que nous le voudrions ? Ne peut-on pas admettre que Dieu fasse pour les autres mondes quelque chose d'analogue à ce qu'il fait ici-bas pour nous, et qu'il multiplie le phénomène de la Rédemption dans l'espace comme il le multiplie dans le temps ?

Ainsi la science nous ouvre des horizons infinis que nos pères dans la foi ne pouvaient soupçonner ; ainsi nos dogmes et nos mystères, loin de rester confinés dans les limites étroites de notre petite planète, s'élargissent de toutes les conquêtes de l'esprit humain et s'étendent à l'infinité des mondes qui nous entourent.

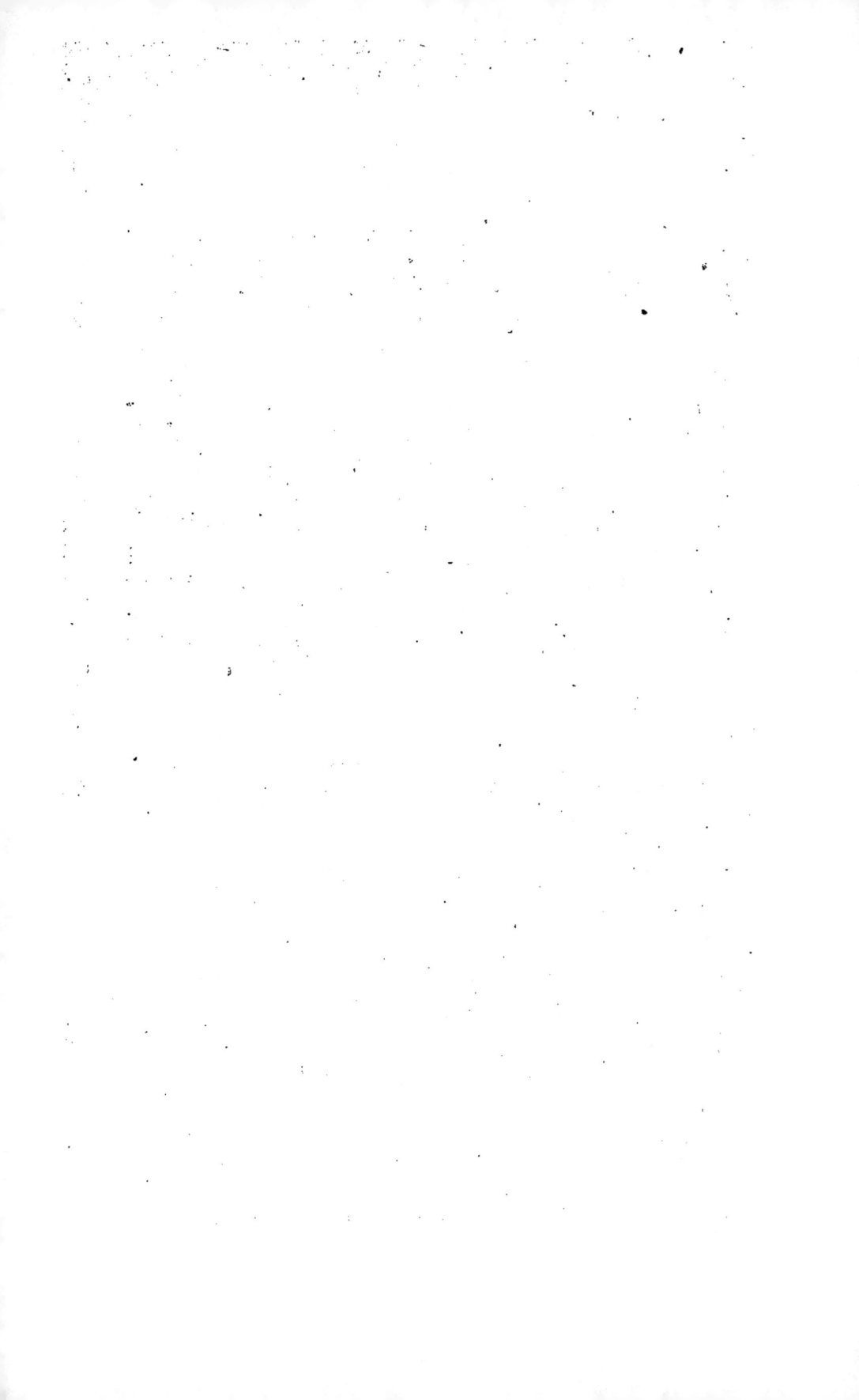

CONCLUSION.

———

Nous venons de voir par tout ce qui précède que l'Incarnation divine s'harmonise parfaitement dans son but comme dans son objet avec les lois de la nature créée comme avec les perfections de la nature incréée. Elle répond parfaitement à tout ce que nous connaissons de la justice et de la bonté divine. Jamais l'homme n'aurait été capable d'imaginer une si merveilleuse concordance, et l'on peut dire par suite de l'Incarnation ce que saint Anselme dans un argument célèbre disait de la Divinité : Puisque nous la concevons comme possible, c'est qu'elle est.

Il convient donc qu'il y ait dans la nature un être qui réunit en lui le double caractère de la Divinité et de l'humanité, qui est à la fois Dieu et homme. Or, parmi tous les hommes qui ont paru sur la terre, il n'y en a qu'un qui ait réclamé pour lui cette double qualité. Un seul s'est présenté à l'humanité comme revêtu de la puissance divine, comme juge et maître souverain de toutes les races et de toutes les générations humaines, un seul qui ait osé, suivant l'expression de saint Paul, sous la forme humaine s'égaler à Dieu : c'est Jésus.

Quelques religions antiques ont bien, il est vrai,

parlé d'incarnations divines, d'unions matérielles de la Divinité et de l'humanité. Mais ces incarnations se rapportent toutes à des personnages fabuleux, qui n'ont jamais eu la moindre réalité historique. On ne peut y voir qu'un écho très net des traditions et des espérances primitives de l'humanité. Le seul personnage des religions hindoues qui ait une existence réelle, Çakia-Mouni, le fondateur du bouddhisme, au témoignage même de ses disciples, ne s'est jamais donné comme Dieu, ni comme une incarnation de Dieu, mais seulement comme un sage, comme un saint, et c'est à ce titre seulement qu'il est vénéré des sectateurs du bouddhisme. Les prétendus miracles que lui attribuent leurs livres saints n'ont aucun rapport avec ceux de l'Evangile ; ils ne présentent pas plus de valeur que les *Métamorphoses* d'Ovide ou les contes des *Mille et une nuits*. Ce sont des inventions burlesques, produits d'une imagination dévergondée ; aucun d'eux ne supporte même l'ombre d'une discussion.

Il en est de même de Confucius.

Quant à Mahomet, tout le monde sait qu'il n'a jamais eu la prétention de s'égaler à Dieu, qu'il s'est contenté du rôle de prophète, et qu'il ne se disait même pas en communication directe avec la Divinité. Ses révélations lui venaient, disait-il, de l'archange Gabriel. Non seulement il n'a pas fait de miracles, mais, de l'aveu même de ses biographes, il a toujours refusé d'en faire, et pour cause.

Jésus est donc bien le seul être qui se soit donné comme ne faisant qu'un avec Dieu : « *Mon Père et moi nous ne sommes qu'un,* » a-t-il dit.

Si donc l'Incarnation est possible, elle ne peut être réalisée qu'en lui.

Or nous avons vu que si l'Incarnation est *possible,* elle *est.*

Donc Jésus est Dieu.

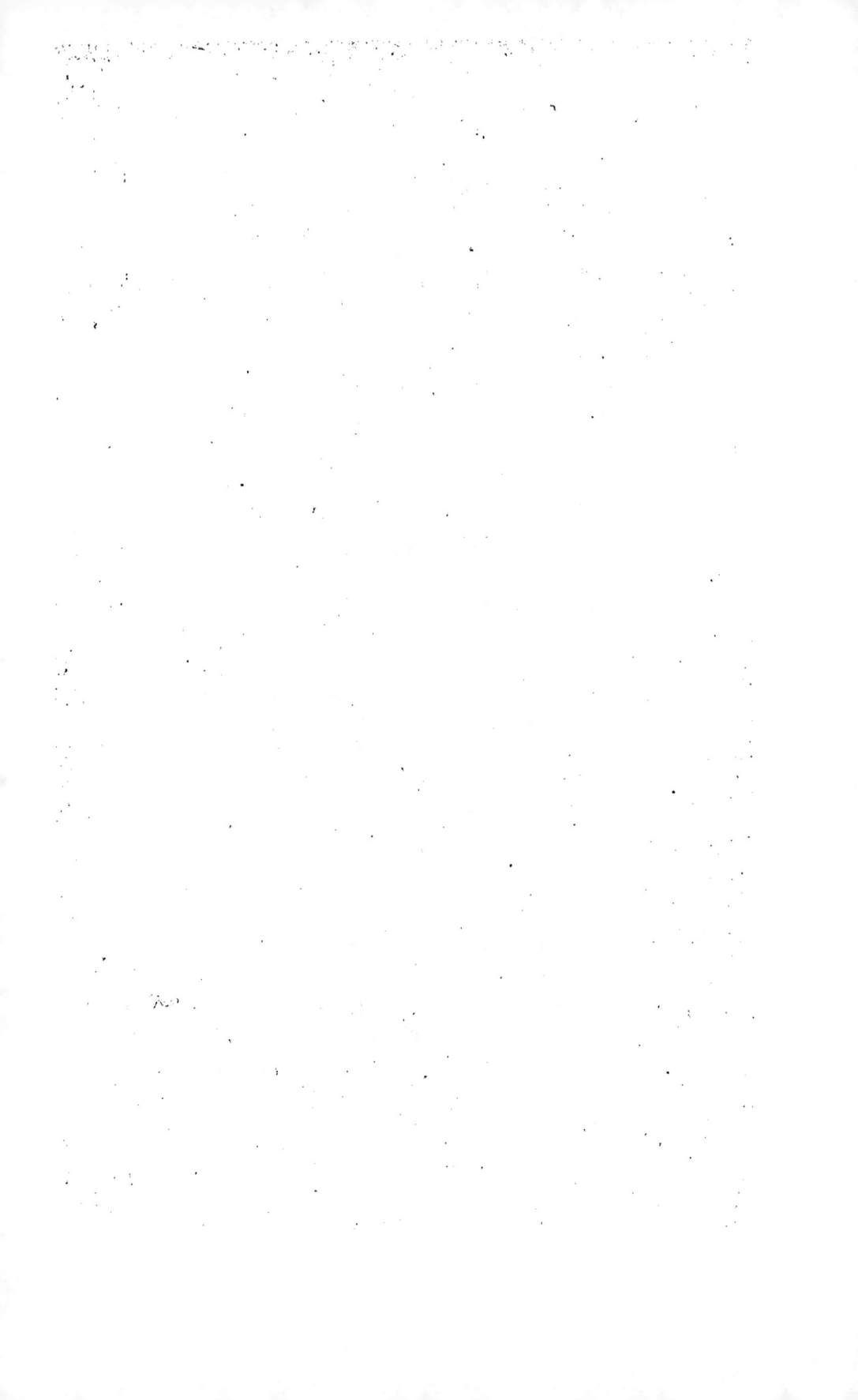

TABLE DES MATIÈRES.

~~~~~~~~